D1665085

DAMIAN **RICHTER**

#ERFOLGSMACHER
Journal

Damian Richter ist Familienvater, Unternehmer, Investor, Lifecoach, Gastgeber des Durchstarter-Podcasts und Gründer eines der am schnellsten wachsenden Trainings- und Coaching-Unternehmen für Persönlichkeitsentwicklung in ganz Europa. Seine Vision ist es, so vielen Menschen wie möglich bewusst zu machen, wie sie selbstbestimmt ein außergewöhnliches Leben kreieren und dabei ihr volles Potenzial entdecken und entfalten.

Für Dich mit Liebe erstellt

2. Auflage
FIN to Date! GmbH & Co. KG, Gifhorn, Mai 2020
Copyright© 2020 Fin to Date! GmbH & Co. KG
www.damian-richter.com
ISBN 978-3-9815407-9-6

Designd by Natalie Degen & Valentin Scharf

DAMIAN **RICHTER**

GO!
#ERFOLGSMACHER
Journal

„ES SIND **NICHT** DIE **ÄUßEREN UMSTÄNDE,**
DIE DAS LEBEN VERÄNDERN,
SONDERN DIE *inneren*
VERÄNDERUNGEN,
DIE SICH IM LEBEN **ÄUßERN**.“

Wilma Thomalla

DIESES ERFOLGSMACHER JOURNAL GEHÖRT...

_____

FALLS DU ES GEFUNDEN HAST, GIB ES MIR BITTE ZURÜCK.
DEINE *Belohnung* IST...

_____

"*Du wirst Dein Leben niemals verändern, solange Du nicht etwas veränderst, das Du täglich tust. Der Schlüssel zum Erfolg liegt in Deiner täglichen Routine.*"

John C. Maxwell

WILLKOMMEN IN DEINEM ERFOLGSMACHER JOURNAL!

Ich freue mich sehr, dass Du gerade diese Zeilen liest und Dich dazu entschieden hast, mit dem Erfolgsmacher Journal eine neue Ära in Deinem Leben einzuläuten. Gemeinsam werden wir in den nächsten **13 Wochen** eine Reise antreten, die Dich in Deine wahre Größe führen wird. Am Ende dieses Journals - wenn Du also alle Seiten ausgefüllt hast - wirst Du die tiefe Gewissheit in Dir verspüren, dass auch in Dir **wahre Macher-Energie** steckt, dass Du eine Erfolgsperson bist und dass auch Du Dich zeigen kannst, weil Du größer bist, als Du bislang dachtest.

DAS INSTRUMENT FÜR EIN AUSSERGEWÖHNLICHES LEBEN

Das, was Du gerade in Deinen Händen hältst, ist ein kompaktes und hoch effektives Werkzeug, das Dir dabei helfen wird, Dein Leben durch eine einzige Routine für immer zu verändern. Die Seiten in diesem Buch werden, sofern Du sie täglich ausfüllst und meinen Anweisungen zur Nutzung dieses Buches folgst, für Dich zum Fundament Deines außergewöhnlichen Traumlebens.

Das Erfolgsmacher Journal ist nämlich kein Tagebuch, sondern ein wirkungsvolles Werkzeug für mehr Glück, Erfolg und Erfüllung in Deinem Leben. Die Fragen mögen auf den ersten Blick simpel erscheinen, aber gerade diese Einfachheit macht dieses Journal so **extrem wirkungsvoll!**

KLEINES WERKZEUG, GROSSE WIRKUNG

Warum das Erfolgsmacher Journal so wirksam ist? Ganz einfach: Tausende Menschen da draußen reden und lesen tagtäglich über Dankbarkeit, Demut und Liebe. Doch *tun* sie es auch? Sind sie *wirklich* voller Liebe, Demut und Dankbarkeit? Schauen wir ehrlich auf uns selbst und unser Umfeld, bemerken wir: Die meisten Menschen sind es nicht. Viele wissen noch nicht einmal, wie sich wahre Dankbarkeit, wahre Erfüllung oder wahre Liebe anfühlt. Ganz zu schweigen von dem Gefühl des Erfolgs in unserem Leben.

Doch zwischen „wissen" und „tun" liegen bekanntlich Welten. Dieses Journal unterstützt Dich dabei, ein echter **Erfolgsmacher** zu sein. Du fragst Dich, was ein echter Erfolgsmacher ist? Ein Erfolgsmacher ist ein Mensch, der es einfach macht, der die Dinge, die er (oder sie) sich aus tiefsten Herzen wünscht, einfach umsetzt. Um Dir Deinen Weg in die Umsetzung zu erleichtern, gibt es dieses Journal.

Durch das tägliche Schreiben werden gelebte Dankbarkeit und wahrer Erfolg in Deiner Innenwelt zur "Gewohnheit" und werden sich in Folge dessen in Deiner Außenwelt manifestieren. Das bedeutet, das die Ergebnisse in Deinem Leben, (also Deine Beziehungen, Dein Kontostand, Deine Arbeit, Deine Gesundheit, Dein Gemütszustand usw.) sich in dem Maße **verbessern**, in dem es Dir gelingt, Dir Deiner Erfolge bewusst zu werden und sie in diesem Buch schriftlich festzuhalten.

DU GLAUBST MIR NICHT? DAS GLAUBE ICH DIR!

Laut Statistik sind wir alle wahre Meister des Scheiterns. 92% der Menschen, die jedes Jahr mit dem Rauchen aufhören wollen, scheitern. 95% der Menschen, die Gewicht verlieren wollen, erleben auf Dauer den Jo-Jo-Effekt und 88% aller Menschen, die sich zum Jahreswechsel Vorsätze machen, setzen diese niemals um. Ich bin mir allerdings vollkommen Sicher, das Du mit diesem Buch nicht scheitern kannst, sondern bis zum Ende durchziehen wirst. Woher ich wissen will, dass es für Dich ein Kinderspiel sein wird, dieses Erfolgsmacher Journal mit Inhalt zu befüllen - und das für die nächsten drei Monate?

Eine wunderbare Frage. Die Antwort lautet: Weil ich selbst am eigenen Körper erfahren habe, wie bestärkend das Erfolgsmacher Journal wirkt - und weil mir Tausende Seminarteilnehmer berichten, dass es ihnen genauso geht. Und wenn es bei so vielen anderen Menschen funktioniert hat, ist die Wahrscheinlichkeit enorm hoch, dass es auch bei Dir wunderbar funktionieren wird.

ÜBERNIMM DIE VERANTWORTUNG ZU 100%

Im Gegensatz zum Abnehmen oder dem Rauchen erhältst Du durch das Ausfüllen des Erfolgsmacher Journals übrigens Tag für Tag **mehr Energie**. Du wirst glücklicher, energievoller und ausgeglichener. Dein Selbstvertrauen steigt und Du fühlst mehr und mehr, dass Erfolg auch für Dich machbar ist. Und ja, das ist auch für DICH möglich! Probier's also einfach aus und sei offen auf das, was sich in den kommenden Tagen in Deinem Leben verändern wird.

> *„Verantwortlich ist man nicht nur für das, was man tut,*
> *sondern auch für das, was man nicht tut."*
>
> *Laotse*

Damit Du erleben kannst, wie das Glück und der Erfolg in Deinem Leben Einzug halten, musst Du ab heute für die kommenden 13 Wochen die volle Verantwortung für Dein Erfolgsmacher Journal übernehmen. Mit jedem Tag, an dem Du die tägliche Seite des Journals ausfüllst, trainierst Du Deinen **Erfolgs-Biceps**. Mit jedem Tag, an dem Du das nicht tust, schwindet wieder etwas

Erfolgs-Muskel-Kraft und Du arbeitest nicht mehr für, sondern gegen Deine Träume und Ziele. Du sabotierst Deinen eigenen Erfolg. Ich erzähle Dir das, weil ich in den letzten Jahren gesehen habe, dass enorm viele Menschen Dinge machen, die ihnen gut tun, doch viele nach einiger Zeit damit anfangen, sie wider zu vernachlässigen und schließlich ganz zu lassen. Die Folge: Niedergeschlagen und unzufrieden versinken sie im Trott des Alltags.

Lass nicht zu, dass Dich Deine alten Verhaltensmuster an Deinem aktuellen Punkt im Leben festhalten, sondern gehe aktiv auf das Leben zu, schreibe jeden Tag ins Journal und etabliere somit das Muster des Machens in Deinem Leben. So wird Erfolg auch für Dich zu einem **vorhersagbaren Ergebnis.**

ROUTINEN SIND DER SCHLÜSSEL FÜR EIN ERFOLGREICHES LEBEN

Es sind die **kleinen Dinge**, die wir ständig wiederholen, die in der Summe die Qualität Deines Lebens ausmachen. Ganz entscheidend in diesem Prozess ist dabei Dein Denken.

„DENK LIEBER AN DAS, WAS DU **HAST**, ALS AN DAS, WAS DIR *fehlt*."
Mark Aurel

Wer ein wahrer Erfolgsmacher sein will, muss sich eine ganz bestimmte Art und Weise des Denkens aneignen. Ein Denken, das Dich dabei unterstützt, jeden Tag aufs Neue in Deiner **Macher-Energie** zu sein, Deinen Fokus zu halten und einen Go-Moment nach dem anderen in Deinem Leben zu erschaffen. Diese Form des Denkens macht Dich zu einem wahren Gewinner. Du wandelst Dich zu einer Person, die sich nicht von der eigenen Angst dominieren lässt, jeden Tag über sich hinauswächst und die wahre Größe in sich täglich neu erkennt.

Und weißt Du, was das Beste ist? Nur **zehn Minuten** reichen aus, um genau diese Form des Denkens in Deinem Leben zu etablieren. Ja, Du hast richtig gelesen! Zehn Minuten Deiner Zeit an jedem Abend sind genug, um Dir eine neue Form des Denkens anzueignen und damit zu einem wahren Erfolgsmacher zu werden. Dabei wirkt das Erfolgsmacher Journal wie die **kleinste minimale Konstante,** die ausschlaggebend für den Erfolg in Deinem Leben ist.

ES IST EINFACH, ES EINFACH ZU MACHEN!

Ich weiß genau, dass nicht jeder die Zeit hat, um ewig lange Listen auszufüllen. Du hast Deinen Alltag, Deine täglichen To-Dos und von Zeit zu Zeit wird es bei jedem von uns hier und da mal ein bisschen turbulent. Das ist ganz normal. Daher habe darauf geachtet, dass dieses Journal so aufgebaut ist, dass wirklich JEDER von uns es verwenden und damit erfolgreich werden kann. Ganz egal, wie stressig der Tag war. Zehn Minuten kann sich JEDER am Abend nehmen, wenn er es wirklich ernst meint - auch Du!

Stell Dir einmal vor, Du könntest jeden Abend mit dem Gefühl einschlafen, über Dich hinausgewachsen zu sein, etwas Neues gelernt zu haben, eine bessere, größere und stärkere Version Deines Selbst zu sein und vollkommen zielgerichtet auf Dein Ziel zuzugehen - wie würdest Du Dich dann fühlen? Ganz genau: **Du würdest Dich großartig fühlen.**

Und genau das passiert, wenn Du dieses Journal in Deinem Leben integrierst. Warten wir also nicht länger und fangen direkt an!

LOS GEHTS! - SO *funktioniert* DAS ERFOLGSMACHER JOURNAL

Damit es Dir so leicht wie möglich fällt und Du noch heute Abend damit beginnen kannst, die ersten Seiten des Erfolgsmacher Journals auszufüllen, erkläre ich Dir kurz, was auf Dich zukommt.

Wer sich die **richtigen Fragen** stellt, richtet seinen Fokus aus und ist somit nicht nur produktiver und energiegeladener, sondern auch erfolgreicher. Aus diesem Grund besteht das Erfolgsmacher Journal aus einer kleinen Ansammlung von richtigen Fragen, die Du Dir jeden Abend stellen wirst. Indem Du Dir diese Fragen stellst, beeinflusst Du Dein Denken, Dein Fühlen, Dein Handeln und damit auch Deine Ergebnisse - und veränderst somit Schritt für Schritt Dein Leben. Die folgenden sieben Fragen erwarten Dich in unserem Journal:

 ## 1. WAS HAST DU HEUTE GELERNT?

Stell Dir einmal vor, Du würdest jeden Tag etwas **dazulernen**. Jeden Tag würdest Du Dir neues Wissen aneignen und täglich würde Dein Gefäß sich weiter und weiter mit neuen Informationen füllen. Wo würdest Du dann in einem halben Jahr stehen? Über was würdest Du Bescheid wissen? Wie gut würdest Du Dich in bestimmten Gebieten auskennen? Und was würde das mit Deinem Selbstvertrauen machen?

Keine Angst, Du musst ab heute nicht stundenlang in der Bibliothek über irgendwelche Bücher brüten. Es geht bei dieser Frage viel eher um die **Intention**, etwas dazuzulernen. Es reicht schon, wenn Du zehn Minuten in einem guten Buch liest, Dir ein paar Vokabeln einer neuen Sprache aneignest oder ein Gespräch mit jemandem führst, der Dir in bestimmten Bereichen voraus ist.

Wichtig ist, dass Du Abends den Tag noch einmal Revue passieren lässt und Dir bewusst machst, was Du an diesem Tag gelernt hast. Denn wenn Du das tust, wirst Du sehr schnell merken, dass Du Dich mit Leichtigkeit weiterentwickelst und schon in wenigen Wochen **viel mehr Wissen** hast, als heute.

 ## 2. WORIN HABE ICH MICH HEUTE VERBESSERT?

In meinem Buch „*GO! - Der Startschuss in Dein neues Leben*" schreibe ich über den Begriff „**KUNEV**". KUNEV ist ein Synonym für **K**onstante **U**nd **N**iemals **E**ndende **V**erbesserung. Wer KUNEV lebt, der befindet sich auf der Überholspur des Lebens und wer sich jeden Tag die Frage stellt, worin er sich an diesem Tag **verbessert** hat, wird schnell erkennen, dass er sich ständig weiterentwickelt.

Mein Vater hat mir damals immer gesagt: „*Wer aufgehört hat besser zu werden, hat aufgehört gut zu sein*" und er hat recht damit gehabt. Viele Menschen wollen es nicht wahrhaben, doch alles, was nicht wächst, stirbt ab. Diejenigen, die sich nicht weiterentwickeln, werden nach einiger Zeit feststellen, dass das Leben an ihnen vorbei zieht. Träume, Ziele und Visionen werden nicht gelebt. Doch all jene, die ihr Handeln reflektieren, ihr Denken hinterfragen und mit liebevoller Hartnäckigkeit an sich arbeiten, werden zu sich selbst und damit zur wahren Quelle des Erfolgs finden. Ein glückliches Leben ist die logische Konsequenz.

 ### 3. WORÜBER HABE ICH MICH HEUTE GEFREUT?

Dein Leben ist dazu da, um es zu **leben**. Ganz egal, wie viel in Deinem Leben passiert, wie stressig der Alltag ist oder was für Herausforderungen Du gerade zu meistern hast. Dein Leben ist viel zu großartig und zu wertvoll, um den Spaß und die Freude daran zu verlieren.

Frage Dich also jeden Abend, worüber Du Dich an diesem Tag gefreut hast. Falls Du bemerkst, dass Du Dich mit der Beantwortung dieser Frage schwer tust, ist das ein Signal dafür, dass Du Dich in Deinem Alltag öfter fragen soll-test, wie Du Dir selbst eine Freude bereiten kannst. Denn **Du bist der wichtigs-te Mensch in Deinem Leben** und nur wenn Du glücklich bist, können es die Menschen in Deinem Umfeld ebenfalls sein.

 ### 4. ICH BIN HEUTE EIN GLÜCKSKIND, WEIL...

Ein Glückskind zu sein bedeutet, dass Du Dir bewusst wirst, wie gesegnet und gebenedeit Du bist. Jeder von uns könnte täglich mehrere hundert Gründe fin-den, warum er oder sie ein Glückskind ist. Doch die wenigsten tun es. Doch warum ist das so?

Die wenigsten Menschen finden die Magie in den kleinen Dingen im Leben. Die wenigsten erkennen voller Dankbarkeit und Demut all das Glück, das sie bereits in ihrem Leben haben und die wenigsten machen sich selbst bewusst, wie reich an Glücksmomenten sie heute schon sind.

Doch ab heute gehörst Du zu denen, die sich jederzeit ihres Glücks bewusst sind, denn ab jetzt arbeitest Du aktiv mit Deinem Erfolgsmacher Journal und kannst Deinen Fokus auf das Glückskind-Dasein ideal trainieren! Die Tatsache, dass Du Dich in Deiner Freizeit mit einem Erfolgsmacher Journal beschäftigen kannst, zeigt, dass Du bereits jetzt ein echtes Glückskind bist. Vielen anderen Menschen auf dieser Welt geht es weitaus schlechter als Dir, wahr oder wahr?

5. MEINE HEUTIGEN ERFOLGE:

Jeder Mensch erzielt jeden Tag **zahlreiche Erfolge**. Wer sich am Abend an keinen Erfolg des jeweiligen Tages erinnern kann, ist schlicht und einfach **zu streng** zu sich selbst. Was ich damit meine? Ganz einfach: Wir haben verlernt, auch die kleinen Erfolge in unserem Leben zu feiern! Denn ein Erfolg kann schon sein, dass Du morgens nicht verschlafen hast, erfolgreich aus dem Bett gestiegen bist und Deine Zähne geputzt hast.

Viele Menschen haben eine sehr spezielle Definition von Erfolg. Sie fühlen sich erst dann wirklich erfolgreich, wenn sie eine Gehaltserhöhung bekommen, ein eigenes Haus besitzen oder den Sportwagen fahren, von dem sie schon seit Jahren träumen. Kein Wunder, dass die meisten von uns mit diesem Mindset jeden Tag traurig und unzufrieden einschlafen.

Doch damit ist jetzt jetzt Schluss! Denn ab heute ist es Deine Aufabe, selbst in den kleinsten Dingen einen großen Erfolg zu finden. Je mehr Du Dir Deiner Erfolge im Leben bewusst wirst und diese auch als solche anerkennst, wirst Du auch **das Gefühl von Erfolg** in Deinem Leben integrieren und mehr und mehr die Identität eines echten Erfolgmachers annehmen können.

 6. WOFÜR BIN ICH HEUTE DANKBAR?

Dankbarkeit ist das ultimative **Wundermittel** für ein **glückliches** und **erfülltes Leben**. Du kannst entweder traurig sein, oder dankbar. Du kannst entweder wütend sein, oder dankbar. Du kannst entweder genervt, schlecht drauf, missmutig, neidisch oder kraftlos sein, oder Du bist dankbar.

Dankbarkeit **neutralisiert** jedes destruktive Gefühl. Wer wahrhaftig dankbar ist, der schläft am Abend mit einem Lächeln im Gesicht ein - vollkommen egal, was tagsüber passiert ist. Aus genau diesem Grund fokussieren wir uns auch im Rahmen des Erfolgsmacher Journals jeden Tag erneut auf unsere Dankbarkeit.

„FÜR **DANKBARE** *Menschen* MACHT DAS **GLÜCK** GERNE ÜBERSTUNDEN."
Ernst Ferstl

7. WAS WAR DEIN HEUTIGER GO-MOMENT?

Ein Go-Moment ist ein Moment, in dem Du es einfach **tust**. Es ist ein Moment, in dem Du Deine Angst überwunden hast und trotz Angst gehandelt hast. Du hast Neues ausprobiert, alte Konventionen missachtet und Deine Komfortzone erweitert, indem Du die Barriere der Angst durchbrochen hast. Finde einen solchen Moment an jedem Tag und richte Dein Handeln stets nach der verflixten siebten letzten Frage aus - denn nur so kannst Du dauerhaft und beständig weiter wachsen und Deine Ziele erreichen.

> **Kleiner Hinweis:** Dein heutiger Go-Moment könnte der Moment sein, in dem Du den ersten Tag Deines Erfolgsmacher Journals ausgefüllt hast… Worauf wartest Du also noch? Leg los!

Wir sind das, was wir wiederholt tun. Daher lass Dein Erfolgsmacher Journal ab heute nicht mehr los und nutze es JEDEN TAG! Mach es zu einem festen Bestandteil Deines Lebens und sieh Dir selbst beim Wachsen zu. Freue Dich schon jetzt auf den Moment, an dem Du voller Selbstvertrauen, Selbstliebe und Selbstbewusstsein und mit all Deinen Erfolgen im Gepäck, auf den Tag zurück schaust, an dem Du den ersten Satz in dieses Erfolgsjournal geschrieben hast!

Ab heute beginnt eine ganz besondere Reise für Dich - und es ist mir eine Ehre, Dich auf dieser Reise des Erfolgsmacher Journals begleiten zu dürfen.

Und jetzt: **GO!**

Machs einfach, denn Du bist größer als Du denkst!

Dein Damian

PS: Unter folgendem Link kannst Du Dir das physische Erfolgs-Journal nach Hause bestellen:

 WWW.DAMIAN-RICHTER.COM/ERFOLGSMACHER-JOURNAL

„DU WIRST DEIN LEBEN *niemals* **VERÄNDERN**, SOLANGE DU NICHT ETWAS VERÄNDERST, DAS DU **TÄGLICH TUST.**

DER SCHLÜSSEL ZUM ERFOLG LIEGT IN DEINER **TÄGLICHEN** *Routine.*"

John C. Maxwell

WAS HABE ICH HEUTE **GELERNT?**

_____

_____

_____

WORIN HABE ICH MICH HEUTE **VERBESSERT?**

_____

_____

_____

WORÜBER HABE ICH MICH HEUTE **GEFREUT?**

_____

_____

_____

ICH BIN HEUTE EIN **GLÜCKSKIND**, WEIL ...

_____

_____

_____

MEINE HEUTIGEN **ERFOLGE:**

→ _____

_____

→ _____

_____

→ _____

_____

DAFÜR BIN ICH HEUTE **DANKBAR:**

→ _____

_____

→ _____

_____

→ _____

_____

DAS WAR MEIN HEUTIGER **GO-MOMENT:**

_____

_____

WAS HABE ICH HEUTE **GELERNT?**

_____

_____

_____

WORIN HABE ICH MICH HEUTE **VERBESSERT?**

_____

_____

_____

WORÜBER HABE ICH MICH HEUTE **GEFREUT?**

_____

_____

_____

ICH BIN HEUTE EIN **GLÜCKSKIND**, WEIL ...

_____

_____

_____

WOCHENTAG

MEINE HEUTIGEN **ERFOLGE:**

→ _____

_____

→ _____

_____

→ _____

_____

DAFÜR BIN ICH HEUTE **DANKBAR:**

→ _____

_____

→ _____

_____

→ _____

_____

DAS WAR MEIN HEUTIGER **GO-MOMENT:**

_____

_____

WAS HABE ICH HEUTE **GELERNT?**

_____

_____

_____

WORIN HABE ICH MICH HEUTE **VERBESSERT?**

_____

_____

_____

WORÜBER HABE ICH MICH HEUTE **GEFREUT?**

_____

_____

_____

ICH BIN HEUTE EIN **GLÜCKSKIND**, WEIL ...

_____

_____

_____

WOCHENTAG

MEINE HEUTIGEN **ERFOLGE:**

→ _____

_____

→ _____

_____

→ _____

_____

DAFÜR BIN ICH HEUTE **DANKBAR:**

→ _____

_____

→ _____

_____

→ _____

_____

DAS WAR MEIN HEUTIGER **GO-MOMENT:**

_____

_____

WAS HABE ICH HEUTE **GELERNT?**

_____

_____

_____

WORIN HABE ICH MICH HEUTE **VERBESSERT?**

_____

_____

_____

WORÜBER HABE ICH MICH HEUTE **GEFREUT?**

_____

_____

_____

ICH BIN HEUTE EIN **GLÜCKSKIND**, WEIL ...

_____

_____

_____

WOCHENTAG

MEINE HEUTIGEN **ERFOLGE:**

⟹ _____

_____

⟹ _____

_____

⟹ _____

_____

DAFÜR BIN ICH HEUTE **DANKBAR:**

⟹ _____

_____

⟹ _____

_____

⟹ _____

_____

DAS WAR MEIN HEUTIGER **GO-MOMENT:**

_____

_____

WAS HABE ICH HEUTE **GELERNT?**

_____

_____

_____

WORIN HABE ICH MICH HEUTE **VERBESSERT?**

_____

_____

_____

WORÜBER HABE ICH MICH HEUTE **GEFREUT?**

_____

_____

_____

ICH BIN HEUTE EIN **GLÜCKSKIND**, WEIL ...

_____

_____

_____

WOCHENTAG

MEINE HEUTIGEN **ERFOLGE:**

→ _____

_____

→ _____

_____

→ _____

_____

DAFÜR BIN ICH HEUTE **DANKBAR:**

→ _____

_____

→ _____

_____

→ _____

_____

DAS WAR MEIN HEUTIGER **GO-MOMENT:**

_____

_____

WAS HABE ICH HEUTE **GELERNT?**

_____

_____

_____

WORIN HABE ICH MICH HEUTE **VERBESSERT?**

_____

_____

_____

WORÜBER HABE ICH MICH HEUTE **GEFREUT?**

_____

_____

_____

ICH BIN HEUTE EIN **GLÜCKSKIND**, WEIL ...

_____

_____

_____

MEINE HEUTIGEN **ERFOLGE:**

→ _____

_____

→ _____

_____

→ _____

_____

DAFÜR BIN ICH HEUTE **DANKBAR:**

→ _____

_____

→ _____

_____

→ _____

_____

DAS WAR MEIN HEUTIGER **GO-MOMENT:**

_____

_____

WAS HABE ICH HEUTE **GELERNT?**

_____

_____

_____

WORIN HABE ICH MICH HEUTE **VERBESSERT?**

_____

_____

_____

WORÜBER HABE ICH MICH HEUTE **GEFREUT?**

_____

_____

_____

ICH BIN HEUTE EIN **GLÜCKSKIND**, WEIL ...

_____

_____

_____

MEINE HEUTIGEN **ERFOLGE:**

→ _____

_____

→ _____

_____

→ _____

_____

DAFÜR BIN ICH HEUTE **DANKBAR:**

→ _____

_____

→ _____

_____

→ _____

_____

DAS WAR MEIN HEUTIGER **GO-MOMENT:**

_____

_____

MEINE **GEDANKEN** ZU DIESER WOCHE:

„DURCH **WIEDERHOLUNG** FÜHREN BEKRÄFTIGUNGEN ZUM *Glauben*. UND ERST, WENN AUS DEM GLAUBEN **TIEFE ÜBERZEUGUNG** WIRD, WERDEN DINGE IN DIE **TAT UMGESETZT**."

Claude M. Bristol

WAS HABE ICH HEUTE **GELERNT?**

_____

_____

_____

WORIN HABE ICH MICH HEUTE **VERBESSERT?**

_____

_____

_____

WORÜBER HABE ICH MICH HEUTE **GEFREUT?**

_____

_____

_____

ICH BIN HEUTE EIN **GLÜCKSKIND**, WEIL ...

_____

_____

_____

MEINE HEUTIGEN **ERFOLGE:**

→ _____

_____

→ _____

_____

→ _____

_____

DAFÜR BIN ICH HEUTE **DANKBAR:**

→ _____

_____

→ _____

_____

→ _____

_____

DAS WAR MEIN HEUTIGER **GO-MOMENT:**

_____

_____

WAS HABE ICH HEUTE **GELERNT?**

_____

_____

_____

WORIN HABE ICH MICH HEUTE **VERBESSERT?**

_____

_____

_____

WORÜBER HABE ICH MICH HEUTE **GEFREUT?**

_____

_____

_____

ICH BIN HEUTE EIN **GLÜCKSKIND**, WEIL ...

_____

_____

_____

WOCHENTAG

MEINE HEUTIGEN **ERFOLGE:**

→ _____

_____

→ _____

_____

→ _____

_____

DAFÜR BIN ICH HEUTE **DANKBAR:**

→ _____

_____

→ _____

_____

→ _____

_____

DAS WAR MEIN HEUTIGER **GO-MOMENT:**

_____

_____

WAS HABE ICH HEUTE **GELERNT?**

_____

_____

_____

WORIN HABE ICH MICH HEUTE **VERBESSERT?**

_____

_____

_____

WORÜBER HABE ICH MICH HEUTE **GEFREUT?**

_____

_____

_____

ICH BIN HEUTE EIN **GLÜCKSKIND**, WEIL ...

_____

_____

_____

MEINE HEUTIGEN **ERFOLGE:**

⟶ _____

_____

⟶ _____

_____

⟶ _____

_____

DAFÜR BIN ICH HEUTE **DANKBAR:**

⟶ _____

_____

⟶ _____

_____

⟶ _____

_____

DAS WAR MEIN HEUTIGER **GO-MOMENT:**

_____

_____

WAS HABE ICH HEUTE **GELERNT?**

WORIN HABE ICH MICH HEUTE **VERBESSERT?**

WORÜBER HABE ICH MICH HEUTE **GEFREUT?**

ICH BIN HEUTE EIN **GLÜCKSKIND**, WEIL ...

MEINE HEUTIGEN **ERFOLGE:**

⇒ _____

_____

⇒ _____

_____

⇒ _____

_____

DAFÜR BIN ICH HEUTE **DANKBAR:**

⇒ _____

_____

⇒ _____

_____

⇒ _____

_____

DAS WAR MEIN HEUTIGER **GO-MOMENT:**

_____

_____

WAS HABE ICH HEUTE **GELERNT?**

_____

_____

_____

WORIN HABE ICH MICH HEUTE **VERBESSERT?**

_____

_____

_____

WORÜBER HABE ICH MICH HEUTE **GEFREUT?**

_____

_____

_____

ICH BIN HEUTE EIN **GLÜCKSKIND**, WEIL ...

_____

_____

_____

WOCHENTAG

MEINE HEUTIGEN **ERFOLGE:**

➡ _____

_____

➡ _____

_____

➡ _____

_____

DAFÜR BIN ICH HEUTE **DANKBAR:**

➡ _____

_____

➡ _____

_____

➡ _____

_____

DAS WAR MEIN HEUTIGER **GO-MOMENT:**

_____

_____

WAS HABE ICH HEUTE **GELERNT?**

_____

_____

_____

WORIN HABE ICH MICH HEUTE **VERBESSERT?**

_____

_____

_____

WORÜBER HABE ICH MICH HEUTE **GEFREUT?**

_____

_____

_____

ICH BIN HEUTE EIN **GLÜCKSKIND**, WEIL ...

_____

_____

_____

MEINE HEUTIGEN **ERFOLGE:**

→ _____

_____

→ _____

_____

→ _____

_____

DAFÜR BIN ICH HEUTE **DANKBAR:**

→ _____

_____

→ _____

_____

→ _____

_____

DAS WAR MEIN HEUTIGER **GO-MOMENT:**

_____

_____

WAS HABE ICH HEUTE **GELERNT?**

_____

_____

_____

WORIN HABE ICH MICH HEUTE **VERBESSERT?**

_____

_____

_____

WORÜBER HABE ICH MICH HEUTE **GEFREUT?**

_____

_____

_____

ICH BIN HEUTE EIN **GLÜCKSKIND**, WEIL ...

_____

_____

_____

WOCHENTAG

MEINE HEUTIGEN **ERFOLGE:**

→ _____

_____

→ _____

_____

→ _____

_____

DAFÜR BIN ICH HEUTE **DANKBAR:**

→ _____

_____

→ _____

_____

→ _____

_____

DAS WAR MEIN HEUTIGER **GO-MOMENT:**

_____

_____

MEINE **GEDANKEN** ZU DIESER WOCHE:

_____

_____

_____

_____

_____

_____

_____

_____

_____

_____

_____

_____

_____

_____

_____

_____

_____

_____

„DAS *Leben* BESTEHT ZU 10% AUS DEM, WAS **GESCHIEHT** UND ZU **90%** AUS DEM, WAS **DU** *daraus machst*."

Charles Swindoll

WAS HABE ICH HEUTE **GELERNT?**

_____

_____

_____

WORIN HABE ICH MICH HEUTE **VERBESSERT?**

_____

_____

_____

WORÜBER HABE ICH MICH HEUTE **GEFREUT?**

_____

_____

_____

ICH BIN HEUTE EIN **GLÜCKSKIND**, WEIL ...

_____

_____

_____

MEINE HEUTIGEN **ERFOLGE:**

→ _____

_____

→ _____

_____

→ _____

_____

DAFÜR BIN ICH HEUTE **DANKBAR:**

→ _____

_____

→ _____

_____

→ _____

_____

DAS WAR MEIN HEUTIGER **GO-MOMENT:**

_____

_____

WAS HABE ICH HEUTE **GELERNT?**

_____

_____

_____

WORIN HABE ICH MICH HEUTE **VERBESSERT?**

_____

_____

_____

WORÜBER HABE ICH MICH HEUTE **GEFREUT?**

_____

_____

_____

ICH BIN HEUTE EIN **GLÜCKSKIND**, WEIL ...

_____

_____

_____

MEINE HEUTIGEN **ERFOLGE:**

→ _____

_____

→ _____

_____

→ _____

_____

DAFÜR BIN ICH HEUTE **DANKBAR:**

→ _____

_____

→ _____

_____

→ _____

_____

DAS WAR MEIN HEUTIGER **GO-MOMENT:**

_____

_____

WAS HABE ICH HEUTE **GELERNT?**

WORIN HABE ICH MICH HEUTE **VERBESSERT?**

WORÜBER HABE ICH MICH HEUTE **GEFREUT?**

ICH BIN HEUTE EIN **GLÜCKSKIND**, WEIL ...

MEINE HEUTIGEN **ERFOLGE:**

→ _____

_____

→ _____

_____

→ _____

_____

DAFÜR BIN ICH HEUTE **DANKBAR:**

→ _____

_____

→ _____

_____

→ _____

_____

DAS WAR MEIN HEUTIGER **GO-MOMENT:**

_____

_____

WAS HABE ICH HEUTE **GELERNT?**

_____

_____

_____

WORIN HABE ICH MICH HEUTE **VERBESSERT?**

_____

_____

_____

WORÜBER HABE ICH MICH HEUTE **GEFREUT?**

_____

_____

_____

ICH BIN HEUTE EIN **GLÜCKSKIND**, WEIL ...

_____

_____

_____

MEINE HEUTIGEN **ERFOLGE:**

→ _____

→ _____

→ _____

DAFÜR BIN ICH HEUTE **DANKBAR:**

→ _____

→ _____

→ _____

DAS WAR MEIN HEUTIGER **GO-MOMENT:**

_____

_____

WAS HABE ICH HEUTE **GELERNT?**

_____

_____

_____

WORIN HABE ICH MICH HEUTE **VERBESSERT?**

_____

_____

_____

WORÜBER HABE ICH MICH HEUTE **GEFREUT?**

_____

_____

_____

ICH BIN HEUTE EIN **GLÜCKSKIND**, WEIL ...

_____

_____

_____

MEINE HEUTIGEN **ERFOLGE:**

→ _____

_____

→ _____

_____

→ _____

_____

DAFÜR BIN ICH HEUTE **DANKBAR:**

→ _____

_____

→ _____

_____

→ _____

_____

DAS WAR MEIN HEUTIGER **GO-MOMENT:**

_____

_____

WAS HABE ICH HEUTE **GELERNT?**

_____

_____

_____

WORIN HABE ICH MICH HEUTE **VERBESSERT?**

_____

_____

_____

WORÜBER HABE ICH MICH HEUTE **GEFREUT?**

_____

_____

_____

ICH BIN HEUTE EIN **GLÜCKSKIND**, WEIL ...

_____

_____

_____

MEINE HEUTIGEN **ERFOLGE:**

→ _____

_____

→ _____

_____

→ _____

_____

DAFÜR BIN ICH HEUTE **DANKBAR:**

→ _____

_____

→ _____

_____

→ _____

_____

DAS WAR MEIN HEUTIGER **GO-MOMENT:**

_____

_____

WAS HABE ICH HEUTE **GELERNT?**

_____

_____

_____

WORIN HABE ICH MICH HEUTE **VERBESSERT?**

_____

_____

_____

WORÜBER HABE ICH MICH HEUTE **GEFREUT?**

_____

_____

_____

ICH BIN HEUTE EIN **GLÜCKSKIND**, WEIL ...

_____

_____

_____

WOCHENTAG

MEINE HEUTIGEN **ERFOLGE:**

→ _____

_____

→ _____

_____

→ _____

_____

DAFÜR BIN ICH HEUTE **DANKBAR:**

→ _____

_____

→ _____

_____

→ _____

_____

DAS WAR MEIN HEUTIGER **GO-MOMENT:**

_____

_____

MEINE **GEDANKEN** ZU DIESER WOCHE:

_____

_____

_____

_____

_____

_____

_____

_____

_____

_____

_____

_____

_____

_____

_____

_____

_____

„WILLST DU DICH AM **GANZEN** *erquicken*, SO MUSST DU DAS GANZE IM **KLEINSTEN** *erblicken*."

Johann Wolfgang von Goethe

WAS HABE ICH HEUTE **GELERNT?**

_____

_____

_____

WORIN HABE ICH MICH HEUTE **VERBESSERT?**

_____

_____

_____

WORÜBER HABE ICH MICH HEUTE **GEFREUT?**

_____

_____

_____

ICH BIN HEUTE EIN **GLÜCKSKIND**, WEIL ...

_____

_____

_____

WOCHENTAG

MEINE HEUTIGEN **ERFOLGE:**

⟶ _____

_____

⟶ _____

_____

⟶ _____

_____

DAFÜR BIN ICH HEUTE **DANKBAR:**

⟶ _____

_____

⟶ _____

_____

⟶ _____

_____

DAS WAR MEIN HEUTIGER **GO-MOMENT:**

_____

_____

WAS HABE ICH HEUTE **GELERNT?**

_____

_____

_____

WORIN HABE ICH MICH HEUTE **VERBESSERT?**

_____

_____

_____

WORÜBER HABE ICH MICH HEUTE **GEFREUT?**

_____

_____

_____

ICH BIN HEUTE EIN **GLÜCKSKIND**, WEIL ...

_____

_____

_____

MEINE HEUTIGEN **ERFOLGE:**

➡ _____

_____

➡ _____

_____

➡ _____

_____

DAFÜR BIN ICH HEUTE **DANKBAR:**

➡ _____

_____

➡ _____

_____

➡ _____

_____

DAS WAR MEIN HEUTIGER **GO-MOMENT:**

_____

_____

WAS HABE ICH HEUTE **GELERNT?**

_____

_____

_____

WORIN HABE ICH MICH HEUTE **VERBESSERT?**

_____

_____

_____

WORÜBER HABE ICH MICH HEUTE **GEFREUT?**

_____

_____

_____

ICH BIN HEUTE EIN **GLÜCKSKIND**, WEIL ...

_____

_____

_____

MEINE HEUTIGEN **ERFOLGE:**

➜ _____

➜ _____

➜ _____

DAFÜR BIN ICH HEUTE **DANKBAR:**

➜ _____

➜ _____

➜ _____

DAS WAR MEIN HEUTIGER **GO-MOMENT:**

_____

_____

WAS HABE ICH HEUTE **GELERNT?**

_____

_____

_____

WORIN HABE ICH MICH HEUTE **VERBESSERT?**

_____

_____

_____

WORÜBER HABE ICH MICH HEUTE **GEFREUT?**

_____

_____

_____

ICH BIN HEUTE EIN **GLÜCKSKIND**, WEIL ...

_____

_____

_____

MEINE HEUTIGEN **ERFOLGE:**

→ _____

_____

→ _____

_____

→ _____

_____

DAFÜR BIN ICH HEUTE **DANKBAR:**

→ _____

_____

→ _____

_____

→ _____

_____

DAS WAR MEIN HEUTIGER **GO-MOMENT:**

_____

_____

WAS HABE ICH HEUTE **GELERNT?**

_____

_____

_____

WORIN HABE ICH MICH HEUTE **VERBESSERT?**

_____

_____

_____

WORÜBER HABE ICH MICH HEUTE **GEFREUT?**

_____

_____

_____

ICH BIN HEUTE EIN **GLÜCKSKIND**, WEIL ...

_____

_____

_____

MEINE HEUTIGEN **ERFOLGE:**

→ _____

→ _____

→ _____

DAFÜR BIN ICH HEUTE **DANKBAR:**

→ _____

→ _____

→ _____

DAS WAR MEIN HEUTIGER **GO-MOMENT:**

_____

_____

WAS HABE ICH HEUTE **GELERNT?**

_____

_____

_____

WORIN HABE ICH MICH HEUTE **VERBESSERT?**

_____

_____

_____

WORÜBER HABE ICH MICH HEUTE **GEFREUT?**

_____

_____

_____

ICH BIN HEUTE EIN **GLÜCKSKIND**, WEIL ...

_____

_____

_____

WOCHENTAG

MEINE HEUTIGEN **ERFOLGE:**

→ _____

_____

→ _____

_____

→ _____

_____

DAFÜR BIN ICH HEUTE **DANKBAR:**

→ _____

_____

→ _____

_____

→ _____

_____

DAS WAR MEIN HEUTIGER **GO-MOMENT:**

_____

_____

WAS HABE ICH HEUTE **GELERNT?**

_____

_____

_____

WORIN HABE ICH MICH HEUTE **VERBESSERT?**

_____

_____

_____

WORÜBER HABE ICH MICH HEUTE **GEFREUT?**

_____

_____

_____

ICH BIN HEUTE EIN **GLÜCKSKIND**, WEIL ...

_____

_____

_____

MEINE HEUTIGEN **ERFOLGE:**

→ _____

_____

→ _____

_____

→ _____

_____

DAFÜR BIN ICH HEUTE **DANKBAR:**

→ _____

_____

→ _____

_____

→ _____

_____

DAS WAR MEIN HEUTIGER **GO-MOMENT:**

_____

_____

DER *erste Monat* IST GESCHAFFT - **DU ROCKST!**

„Es ist wichtiger, das Richtige zu tun,
als etwas richtig zu tun."

Peter Drucker

Hinter Dir liegen die **ersten vier Wochen** Deines Erfolgsmacher Journals - Du bist großartig! Bereits jetzt gehörst Du zu einer ganz besonderen Gruppe von Menschen, denn Du machst es einfach!

Verlier Dein Ziel nicht aus den Augen und **mach weiter**, denn weitere zwei Monate voller Erfolge liegen vor Dir, jetzt geht es erst richtig los!

Teile Deinen Erfolg mit unserer **GO!-Community**, meinem Team und mir und poste ein Bild von Dir und dieser Seite bei Facebook oder Instagram mit dem Hashtag **#machseinfach** an **@damianlifecoach**.

Ich glaube an Dich und denk immer daran: Machs einfach, denn Du bist größer als Du denkst! Und jetzt, **GO!**

MEINE **GEDANKEN** ZU DIESER WOCHE:

_____

_____

_____

_____

_____

_____

„WIR SIND DAS, WAS WIR **WIEDERHOLT TUN**. DAHER IST *Vortrefflichkeit* KEINE HANDLUNG, SONDERN EINE **GEWOHNHEIT**."

Aristoteles

WAS HABE ICH HEUTE **GELERNT?**

_____

_____

_____

WORIN HABE ICH MICH HEUTE **VERBESSERT?**

_____

_____

_____

WORÜBER HABE ICH MICH HEUTE **GEFREUT?**

_____

_____

_____

ICH BIN HEUTE EIN **GLÜCKSKIND**, WEIL ...

_____

_____

_____

MEINE HEUTIGEN **ERFOLGE:**

➡ _____

_____

➡ _____

_____

➡ _____

_____

DAFÜR BIN ICH HEUTE **DANKBAR:**

➡ _____

_____

➡ _____

_____

➡ _____

_____

DAS WAR MEIN HEUTIGER **GO-MOMENT:**

_____

_____

WAS HABE ICH HEUTE **GELERNT?**

_____

_____

_____

WORIN HABE ICH MICH HEUTE **VERBESSERT?**

_____

_____

_____

WORÜBER HABE ICH MICH HEUTE **GEFREUT?**

_____

_____

_____

ICH BIN HEUTE EIN **GLÜCKSKIND**, WEIL ...

_____

_____

_____

MEINE HEUTIGEN **ERFOLGE:**

⟹ _____

_____

⟹ _____

_____

⟹ _____

_____

DAFÜR BIN ICH HEUTE **DANKBAR:**

⟹ _____

_____

⟹ _____

_____

⟹ _____

_____

DAS WAR MEIN HEUTIGER **GO-MOMENT:**

_____

_____

WAS HABE ICH HEUTE **GELERNT?**

_____

_____

_____

WORIN HABE ICH MICH HEUTE **VERBESSERT?**

_____

_____

_____

WORÜBER HABE ICH MICH HEUTE **GEFREUT?**

_____

_____

_____

ICH BIN HEUTE EIN **GLÜCKSKIND**, WEIL ...

_____

_____

_____

WOCHENTAG

MEINE HEUTIGEN **ERFOLGE:**

→ _____

_____

→ _____

_____

→ _____

_____

DAFÜR BIN ICH HEUTE **DANKBAR:**

→ _____

_____

→ _____

_____

→ _____

_____

DAS WAR MEIN HEUTIGER **GO-MOMENT:**

_____

_____

WAS HABE ICH HEUTE **GELERNT?**

_____

_____

_____

WORIN HABE ICH MICH HEUTE **VERBESSERT?**

_____

_____

_____

WORÜBER HABE ICH MICH HEUTE **GEFREUT?**

_____

_____

_____

ICH BIN HEUTE EIN **GLÜCKSKIND**, WEIL ...

_____

_____

_____

MEINE HEUTIGEN **ERFOLGE:**

→

→

→

DAFÜR BIN ICH HEUTE **DANKBAR:**

→

→

→

DAS WAR MEIN HEUTIGER **GO-MOMENT:**

WAS HABE ICH HEUTE **GELERNT?**

_____

_____

_____

WORIN HABE ICH MICH HEUTE **VERBESSERT?**

_____

_____

_____

WORÜBER HABE ICH MICH HEUTE **GEFREUT?**

_____

_____

_____

ICH BIN HEUTE EIN **GLÜCKSKIND**, WEIL ...

_____

_____

_____

MEINE HEUTIGEN **ERFOLGE:**

→ _____

_____

→ _____

_____

→ _____

_____

DAFÜR BIN ICH HEUTE **DANKBAR:**

→ _____

_____

→ _____

_____

→ _____

_____

DAS WAR MEIN HEUTIGER **GO-MOMENT:**

_____

_____

WAS HABE ICH HEUTE **GELERNT?**

_____

_____

_____

WORIN HABE ICH MICH HEUTE **VERBESSERT?**

_____

_____

_____

WORÜBER HABE ICH MICH HEUTE **GEFREUT?**

_____

_____

_____

ICH BIN HEUTE EIN **GLÜCKSKIND**, WEIL ...

_____

_____

_____

MEINE HEUTIGEN **ERFOLGE:**

➜ _____

_____

➜ _____

_____

➜ _____

_____

DAFÜR BIN ICH HEUTE **DANKBAR:**

➜ _____

_____

➜ _____

_____

➜ _____

_____

DAS WAR MEIN HEUTIGER **GO-MOMENT:**

_____

_____

WAS HABE ICH HEUTE **GELERNT?**

_____

_____

_____

WORIN HABE ICH MICH HEUTE **VERBESSERT?**

_____

_____

_____

WORÜBER HABE ICH MICH HEUTE **GEFREUT?**

_____

_____

_____

ICH BIN HEUTE EIN **GLÜCKSKIND**, WEIL ...

_____

_____

_____

MEINE HEUTIGEN **ERFOLGE:**

⇒ _____

_____

⇒ _____

_____

⇒ _____

_____

DAFÜR BIN ICH HEUTE **DANKBAR:**

⇒ _____

_____

⇒ _____

_____

⇒ _____

_____

DAS WAR MEIN HEUTIGER **GO-MOMENT:**

_____

_____

MEINE **GEDANKEN** ZU DIESER WOCHE:

„BRINGT MICH DAS, WAS ICH *gerade tue*, MEINEM **ZIEL NÄHER** - JA ODER NEIN?"

Damian Richter,
Die Leuchtturmfrage aus dem Buch „GO!"

WAS HABE ICH HEUTE **GELERNT?**

_____

_____

_____

WORIN HABE ICH MICH HEUTE **VERBESSERT?**

_____

_____

_____

WORÜBER HABE ICH MICH HEUTE **GEFREUT?**

_____

_____

_____

ICH BIN HEUTE EIN **GLÜCKSKIND**, WEIL ...

_____

_____

_____

WOCHENTAG

MEINE HEUTIGEN **ERFOLGE:**

→ _____

_____

→ _____

_____

→ _____

_____

DAFÜR BIN ICH HEUTE **DANKBAR:**

→ _____

_____

→ _____

_____

→ _____

_____

DAS WAR MEIN HEUTIGER **GO-MOMENT:**

_____

_____

WAS HABE ICH HEUTE **GELERNT?**

_____

_____

_____

WORIN HABE ICH MICH HEUTE **VERBESSERT?**

_____

_____

_____

WORÜBER HABE ICH MICH HEUTE **GEFREUT?**

_____

_____

_____

ICH BIN HEUTE EIN **GLÜCKSKIND**, WEIL ...

_____

_____

_____

MEINE HEUTIGEN **ERFOLGE:**

→ _____

_____

→ _____

_____

→ _____

_____

DAFÜR BIN ICH HEUTE **DANKBAR:**

→ _____

_____

→ _____

_____

→ _____

_____

DAS WAR MEIN HEUTIGER **GO-MOMENT:**

_____

_____

WAS HABE ICH HEUTE **GELERNT?**

_____

_____

_____

WORIN HABE ICH MICH HEUTE **VERBESSERT?**

_____

_____

_____

WORÜBER HABE ICH MICH HEUTE **GEFREUT?**

_____

_____

_____

ICH BIN HEUTE EIN **GLÜCKSKIND**, WEIL ...

_____

_____

_____

MEINE HEUTIGEN **ERFOLGE:**

→ _____

_____

→ _____

_____

→ _____

_____

DAFÜR BIN ICH HEUTE **DANKBAR:**

→ _____

_____

→ _____

_____

→ _____

_____

DAS WAR MEIN HEUTIGER **GO-MOMENT:**

_____

_____

WAS HABE ICH HEUTE **GELERNT?**

_____

_____

_____

WORIN HABE ICH MICH HEUTE **VERBESSERT?**

_____

_____

_____

WORÜBER HABE ICH MICH HEUTE **GEFREUT?**

_____

_____

_____

ICH BIN HEUTE EIN **GLÜCKSKIND**, WEIL ...

_____

_____

_____

WOCHENTAG

MEINE HEUTIGEN **ERFOLGE:**

→ _____

_____

→ _____

_____

→ _____

_____

DAFÜR BIN ICH HEUTE **DANKBAR:**

→ _____

_____

→ _____

_____

→ _____

_____

DAS WAR MEIN HEUTIGER **GO-MOMENT:**

_____

_____

WAS HABE ICH HEUTE **GELERNT?**

_____

_____

_____

WORIN HABE ICH MICH HEUTE **VERBESSERT?**

_____

_____

_____

WORÜBER HABE ICH MICH HEUTE **GEFREUT?**

_____

_____

_____

ICH BIN HEUTE EIN **GLÜCKSKIND**, WEIL ...

_____

_____

_____

MEINE HEUTIGEN **ERFOLGE:**

→ _____

_____

→ _____

_____

→ _____

_____

DAFÜR BIN ICH HEUTE **DANKBAR:**

→ _____

_____

→ _____

_____

→ _____

_____

DAS WAR MEIN HEUTIGER **GO-MOMENT:**

_____

_____

WAS HABE ICH HEUTE **GELERNT?**

_____

_____

_____

WORIN HABE ICH MICH HEUTE **VERBESSERT?**

_____

_____

_____

WORÜBER HABE ICH MICH HEUTE **GEFREUT?**

_____

_____

_____

ICH BIN HEUTE EIN **GLÜCKSKIND**, WEIL ...

_____

_____

_____

MEINE HEUTIGEN **ERFOLGE:**

→ _____

_____

→ _____

_____

→ _____

_____

DAFÜR BIN ICH HEUTE **DANKBAR:**

→ _____

_____

→ _____

_____

→ _____

_____

DAS WAR MEIN HEUTIGER **GO-MOMENT:**

_____

_____

WAS HABE ICH HEUTE **GELERNT?**

_____

_____

_____

WORIN HABE ICH MICH HEUTE **VERBESSERT?**

_____

_____

_____

WORÜBER HABE ICH MICH HEUTE **GEFREUT?**

_____

_____

_____

ICH BIN HEUTE EIN **GLÜCKSKIND**, WEIL ...

_____

_____

_____

MEINE HEUTIGEN **ERFOLGE:**

→ _____

_____

→ _____

_____

→ _____

_____

DAFÜR BIN ICH HEUTE **DANKBAR:**

→ _____

_____

→ _____

_____

→ _____

_____

DAS WAR MEIN HEUTIGER **GO-MOMENT:**

_____

_____

MEINE **GEDANKEN** ZU DIESER WOCHE:

„*Leben* WIRD **NICHT** AN DER ZAHL VON **ATEMZÜGEN** GEMESSEN, DIE WIR NEHMEN, SONDERN AN DEN **MOMENTEN**, DIE UNS DEN *Atem nehmen*."

Maya Angelou

WAS HABE ICH HEUTE **GELERNT?**

_____

_____

_____

WORIN HABE ICH MICH HEUTE **VERBESSERT?**

_____

_____

_____

WORÜBER HABE ICH MICH HEUTE **GEFREUT?**

_____

_____

_____

ICH BIN HEUTE EIN **GLÜCKSKIND**, WEIL ...

_____

_____

_____

MEINE HEUTIGEN **ERFOLGE:**

→ _____

_____

→ _____

_____

→ _____

_____

DAFÜR BIN ICH HEUTE **DANKBAR:**

→ _____

_____

→ _____

_____

→ _____

_____

DAS WAR MEIN HEUTIGER **GO-MOMENT:**

_____

_____

WAS HABE ICH HEUTE **GELERNT?**

_____

_____

_____

WORIN HABE ICH MICH HEUTE **VERBESSERT?**

_____

_____

_____

WORÜBER HABE ICH MICH HEUTE **GEFREUT?**

_____

_____

_____

ICH BIN HEUTE EIN **GLÜCKSKIND**, WEIL ...

_____

_____

_____

WOCHENTAG

MEINE HEUTIGEN **ERFOLGE:**

→ _____

_____

→ _____

_____

→ _____

_____

DAFÜR BIN ICH HEUTE **DANKBAR:**

→ _____

_____

→ _____

_____

→ _____

_____

DAS WAR MEIN HEUTIGER **GO-MOMENT:**

_____

_____

WAS HABE ICH HEUTE **GELERNT?**

_____

_____

_____

WORIN HABE ICH MICH HEUTE **VERBESSERT?**

_____

_____

_____

WORÜBER HABE ICH MICH HEUTE **GEFREUT?**

_____

_____

_____

ICH BIN HEUTE EIN **GLÜCKSKIND**, WEIL ...

_____

_____

_____

WOCHENTAG

MEINE HEUTIGEN **ERFOLGE:**

→ _____

→ _____

→ _____

DAFÜR BIN ICH HEUTE **DANKBAR:**

→ _____

→ _____

→ _____

DAS WAR MEIN HEUTIGER **GO-MOMENT:**

_____

_____

WAS HABE ICH HEUTE **GELERNT?**

_____

_____

_____

WORIN HABE ICH MICH HEUTE **VERBESSERT?**

_____

_____

_____

WORÜBER HABE ICH MICH HEUTE **GEFREUT?**

_____

_____

_____

ICH BIN HEUTE EIN **GLÜCKSKIND**, WEIL ...

_____

_____

_____

MEINE HEUTIGEN **ERFOLGE:**

⇒ _____

_____

⇒ _____

_____

⇒ _____

_____

DAFÜR BIN ICH HEUTE **DANKBAR:**

⇒ _____

_____

⇒ _____

_____

⇒ _____

_____

DAS WAR MEIN HEUTIGER **GO-MOMENT:**

_____

_____

WAS HABE ICH HEUTE **GELERNT?**

_____

_____

_____

WORIN HABE ICH MICH HEUTE **VERBESSERT?**

_____

_____

_____

WORÜBER HABE ICH MICH HEUTE **GEFREUT?**

_____

_____

_____

ICH BIN HEUTE EIN **GLÜCKSKIND**, WEIL ...

_____

_____

_____

MEINE HEUTIGEN **ERFOLGE:**

→ _____

_____

→ _____

_____

→ _____

_____

DAFÜR BIN ICH HEUTE **DANKBAR:**

→ _____

_____

→ _____

_____

→ _____

_____

DAS WAR MEIN HEUTIGER **GO-MOMENT:**

_____

_____

WAS HABE ICH HEUTE **GELERNT?**

_____

_____

_____

WORIN HABE ICH MICH HEUTE **VERBESSERT?**

_____

_____

_____

WORÜBER HABE ICH MICH HEUTE **GEFREUT?**

_____

_____

_____

ICH BIN HEUTE EIN **GLÜCKSKIND**, WEIL ...

_____

_____

_____

MEINE HEUTIGEN **ERFOLGE:**

→ _____

_____

→ _____

_____

→ _____

_____

DAFÜR BIN ICH HEUTE **DANKBAR:**

→ _____

_____

→ _____

_____

→ _____

_____

DAS WAR MEIN HEUTIGER **GO-MOMENT:**

_____

_____

WAS HABE ICH HEUTE **GELERNT?**

_____

_____

_____

WORIN HABE ICH MICH HEUTE **VERBESSERT?**

_____

_____

_____

WORÜBER HABE ICH MICH HEUTE **GEFREUT?**

_____

_____

_____

ICH BIN HEUTE EIN **GLÜCKSKIND**, WEIL ...

_____

_____

_____

MEINE HEUTIGEN **ERFOLGE:**

→ _____

_____

→ _____

_____

→ _____

_____

DAFÜR BIN ICH HEUTE **DANKBAR:**

→ _____

_____

→ _____

_____

→ _____

_____

DAS WAR MEIN HEUTIGER **GO-MOMENT:**

_____

_____

MEINE **GEDANKEN** ZU DIESER WOCHE:

„DER **HÖCHSTE LOHN** FÜR UNSERE BEMÜHUNGEN IST **NICHT** DAS, WAS WIR DAFÜR *bekommen*, SONDERN DAS, WAS WIR **DADURCH WERDEN**."

John Ruskin

WAS HABE ICH HEUTE **GELERNT?**

_____

_____

_____

WORIN HABE ICH MICH HEUTE **VERBESSERT?**

_____

_____

_____

WORÜBER HABE ICH MICH HEUTE **GEFREUT?**

_____

_____

_____

ICH BIN HEUTE EIN **GLÜCKSKIND**, WEIL ...

_____

_____

_____

WOCHENTAG

MEINE HEUTIGEN **ERFOLGE:**

⟶ _____

_____

⟶ _____

_____

⟶ _____

_____

DAFÜR BIN ICH HEUTE **DANKBAR:**

⟶ _____

_____

⟶ _____

_____

⟶ _____

_____

DAS WAR MEIN HEUTIGER **GO-MOMENT:**

_____

_____

WAS HABE ICH HEUTE **GELERNT?**

_____

_____

_____

WORIN HABE ICH MICH HEUTE **VERBESSERT?**

_____

_____

_____

WORÜBER HABE ICH MICH HEUTE **GEFREUT?**

_____

_____

_____

ICH BIN HEUTE EIN **GLÜCKSKIND**, WEIL ...

_____

_____

_____

MEINE HEUTIGEN **ERFOLGE:**

➡ _____

_____

➡ _____

_____

➡ _____

_____

DAFÜR BIN ICH HEUTE **DANKBAR:**

➡ _____

_____

➡ _____

_____

➡ _____

_____

DAS WAR MEIN HEUTIGER **GO-MOMENT:**

_____

_____

WAS HABE ICH HEUTE **GELERNT?**

_____

_____

_____

WORIN HABE ICH MICH HEUTE **VERBESSERT?**

_____

_____

_____

WORÜBER HABE ICH MICH HEUTE **GEFREUT?**

_____

_____

_____

ICH BIN HEUTE EIN **GLÜCKSKIND**, WEIL ...

_____

_____

_____

MEINE HEUTIGEN **ERFOLGE:**

→ _____

_____

→ _____

_____

→ _____

_____

DAFÜR BIN ICH HEUTE **DANKBAR:**

→ _____

_____

→ _____

_____

→ _____

_____

DAS WAR MEIN HEUTIGER **GO-MOMENT:**

_____

_____

WAS HABE ICH HEUTE **GELERNT?**

_____

_____

_____

WORIN HABE ICH MICH HEUTE **VERBESSERT?**

_____

_____

_____

WORÜBER HABE ICH MICH HEUTE **GEFREUT?**

_____

_____

_____

ICH BIN HEUTE EIN **GLÜCKSKIND**, WEIL ...

_____

_____

_____

MEINE HEUTIGEN **ERFOLGE:**

⇒ _____

_____

⇒ _____

_____

⇒ _____

_____

DAFÜR BIN ICH HEUTE **DANKBAR:**

⇒ _____

_____

⇒ _____

_____

⇒ _____

_____

DAS WAR MEIN HEUTIGER **GO-MOMENT:**

_____

_____

WAS HABE ICH HEUTE **GELERNT?**

_____

_____

_____

WORIN HABE ICH MICH HEUTE **VERBESSERT?**

_____

_____

_____

WORÜBER HABE ICH MICH HEUTE **GEFREUT?**

_____

_____

_____

ICH BIN HEUTE EIN **GLÜCKSKIND**, WEIL ...

_____

_____

_____

MEINE HEUTIGEN **ERFOLGE:**

➡️ _____

_____

➡️ _____

_____

➡️ _____

_____

DAFÜR BIN ICH HEUTE **DANKBAR:**

➡️ _____

_____

➡️ _____

_____

➡️ _____

_____

DAS WAR MEIN HEUTIGER **GO-MOMENT:**

_____

_____

WAS HABE ICH HEUTE **GELERNT?**

_____

_____

_____

WORIN HABE ICH MICH HEUTE **VERBESSERT?**

_____

_____

_____

WORÜBER HABE ICH MICH HEUTE **GEFREUT?**

_____

_____

_____

ICH BIN HEUTE EIN **GLÜCKSKIND**, WEIL ...

_____

_____

_____

MEINE HEUTIGEN **ERFOLGE:**

→ _____

_____

→ _____

_____

→ _____

_____

DAFÜR BIN ICH HEUTE **DANKBAR:**

→ _____

_____

→ _____

_____

→ _____

_____

DAS WAR MEIN HEUTIGER **GO-MOMENT:**

_____

_____

WAS HABE ICH HEUTE **GELERNT?**

_____

_____

_____

WORIN HABE ICH MICH HEUTE **VERBESSERT?**

_____

_____

_____

WORÜBER HABE ICH MICH HEUTE **GEFREUT?**

_____

_____

_____

ICH BIN HEUTE EIN **GLÜCKSKIND**, WEIL ...

_____

_____

_____

MEINE HEUTIGEN **ERFOLGE:**

→ _____

_____

→ _____

_____

→ _____

_____

DAFÜR BIN ICH HEUTE **DANKBAR:**

→ _____

_____

→ _____

_____

→ _____

_____

DAS WAR MEIN HEUTIGER **GO-MOMENT:**

_____

_____

DER *zweite Monat* IST GESCHAFFT - **DU BIST SPITZE!**

„Wenn Dir alles gelingt, was Du versuchst,
dann versuchst Du nicht genug."

Gordon Moore

Sensationell! Anscheinend bist Du tatsächlich eine echte Macherin und ein echter Macher, denn wenn Du diese Zeilen liest, bist Du immer noch tagtäglich mit dabei - und das schon seit zwei Monaten! Das zeigt mit, dass Du es wirklich willst und dass Du bereit bist, etwas wirklich Großartiges in Deinem Leben zu verändern.

Jetzt, wo Du bereits seit acht Wochen dabei bist wirst Du gemerkt haben, wie wundervoll das Erfolgsmacher Journal wirkt und wie viel Spaß es machen kann, die Seiten auszufüllen, wahr oder wahr? Bleib daher dran und komme auch im dritten Monat wieder jeden Tag konsequent in die Umsetzung.

> Indem Du nun zwei Monate geschafft hast, bist Du bereits ein Vorbild für viele andere. **Teile daher Deinen Erfolg** mit unserer GO!-Community, meinem Team und mir und poste ein Bild von Dir und dieser Seite bei Facebook oder Instagram mit dem Hashtag **#machseinfach** an **@damianlifecoach.**

So inspirierst und berührst auch Du andere Menschen und wirst zu einem Überbringer des Glücks! Ich glaube an Dich und denk immer daran: **Machs einfach**, denn Du bist größer als Du denkst!

MEINE **GEDANKEN** ZU DIESER WOCHE:

_____

_____

_____

_____

„SUCHE VON DEN DINGEN, DIE DU HAST, DIE **BESTEN** AUS UND BEDENKE DANN, WIE *eifrig* DU NACH IHNEN **GESUCHT** HABEN WÜRDEST, WENN DU SIE *nicht* HÄTTEST."

Mark Aurel

WAS HABE ICH HEUTE **GELERNT?**

_____

_____

_____

WORIN HABE ICH MICH HEUTE **VERBESSERT?**

_____

_____

_____

WORÜBER HABE ICH MICH HEUTE **GEFREUT?**

_____

_____

_____

ICH BIN HEUTE EIN **GLÜCKSKIND**, WEIL ...

_____

_____

_____

WOCHENTAG

MEINE HEUTIGEN **ERFOLGE:**

→ _____

_____

→ _____

_____

→ _____

_____

DAFÜR BIN ICH HEUTE **DANKBAR:**

→ _____

_____

→ _____

_____

→ _____

_____

DAS WAR MEIN HEUTIGER **GO-MOMENT:**

_____

_____

WAS HABE ICH HEUTE **GELERNT?**

_____

_____

_____

WORIN HABE ICH MICH HEUTE **VERBESSERT?**

_____

_____

_____

WORÜBER HABE ICH MICH HEUTE **GEFREUT?**

_____

_____

_____

ICH BIN HEUTE EIN **GLÜCKSKIND**, WEIL ...

_____

_____

_____

MEINE HEUTIGEN **ERFOLGE:**

→ _____

_____

→ _____

_____

→ _____

_____

DAFÜR BIN ICH HEUTE **DANKBAR:**

→ _____

_____

→ _____

_____

→ _____

_____

DAS WAR MEIN HEUTIGER **GO-MOMENT:**

_____

_____

WAS HABE ICH HEUTE **GELERNT?**

_____

_____

_____

WORIN HABE ICH MICH HEUTE **VERBESSERT?**

_____

_____

_____

WORÜBER HABE ICH MICH HEUTE **GEFREUT?**

_____

_____

_____

ICH BIN HEUTE EIN **GLÜCKSKIND**, WEIL ...

_____

_____

_____

MEINE HEUTIGEN **ERFOLGE:**

→ _____

_____

→ _____

_____

→ _____

_____

DAFÜR BIN ICH HEUTE **DANKBAR:**

→ _____

_____

→ _____

_____

→ _____

_____

DAS WAR MEIN HEUTIGER **GO-MOMENT:**

_____

_____

WAS HABE ICH HEUTE **GELERNT?**

_____

_____

_____

WORIN HABE ICH MICH HEUTE **VERBESSERT?**

_____

_____

_____

WORÜBER HABE ICH MICH HEUTE **GEFREUT?**

_____

_____

_____

ICH BIN HEUTE EIN **GLÜCKSKIND**, WEIL ...

_____

_____

_____

WOCHENTAG

MEINE HEUTIGEN **ERFOLGE:**

→ _____

_____

→ _____

_____

→ _____

_____

DAFÜR BIN ICH HEUTE **DANKBAR:**

→ _____

_____

→ _____

_____

→ _____

_____

DAS WAR MEIN HEUTIGER **GO-MOMENT:**

_____

_____

WAS HABE ICH HEUTE **GELERNT?**

_____

_____

_____

WORIN HABE ICH MICH HEUTE **VERBESSERT?**

_____

_____

_____

WORÜBER HABE ICH MICH HEUTE **GEFREUT?**

_____

_____

_____

ICH BIN HEUTE EIN **GLÜCKSKIND**, WEIL ...

_____

_____

_____

MEINE HEUTIGEN **ERFOLGE:**

→ _____

_____

→ _____

_____

→ _____

_____

DAFÜR BIN ICH HEUTE **DANKBAR:**

→ _____

_____

→ _____

_____

→ _____

_____

DAS WAR MEIN HEUTIGER **GO-MOMENT:**

_____

_____

WAS HABE ICH HEUTE **GELERNT?**

_____

_____

_____

WORIN HABE ICH MICH HEUTE **VERBESSERT?**

_____

_____

_____

WORÜBER HABE ICH MICH HEUTE **GEFREUT?**

_____

_____

_____

ICH BIN HEUTE EIN **GLÜCKSKIND**, WEIL ...

_____

_____

_____

WOCHENTAG

MEINE HEUTIGEN **ERFOLGE:**

➞ _____

_____

➞ _____

_____

➞ _____

_____

DAFÜR BIN ICH HEUTE **DANKBAR:**

➞ _____

_____

➞ _____

_____

➞ _____

_____

DAS WAR MEIN HEUTIGER **GO-MOMENT:**

_____

_____

WAS HABE ICH HEUTE **GELERNT?**

_____

_____

_____

WORIN HABE ICH MICH HEUTE **VERBESSERT?**

_____

_____

_____

WORÜBER HABE ICH MICH HEUTE **GEFREUT?**

_____

_____

_____

ICH BIN HEUTE EIN **GLÜCKSKIND**, WEIL ...

_____

_____

_____

WOCHENTAG

MEINE HEUTIGEN **ERFOLGE:**

→ _____

_____

→ _____

_____

→ _____

_____

DAFÜR BIN ICH HEUTE **DANKBAR:**

→ _____

_____

→ _____

_____

→ _____

_____

DAS WAR MEIN HEUTIGER **GO-MOMENT:**

_____

_____

MEINE **GEDANKEN** ZU DIESER WOCHE:

„MAN KANN **NIE** *glücklich werden*, WENN SICH DAS, WORAN MAN *glaubt,* **NICHT** MIT DEM DECKT, **WAS MAN TUT**."

Ralph Waldo Emerson

WAS HABE ICH HEUTE **GELERNT?**

_____

_____

_____

WORIN HABE ICH MICH HEUTE **VERBESSERT?**

_____

_____

_____

WORÜBER HABE ICH MICH HEUTE **GEFREUT?**

_____

_____

_____

ICH BIN HEUTE EIN **GLÜCKSKIND**, WEIL ...

_____

_____

_____

MEINE HEUTIGEN **ERFOLGE:**

→ _____

_____

→ _____

_____

→ _____

_____

DAFÜR BIN ICH HEUTE **DANKBAR:**

→ _____

_____

→ _____

_____

→ _____

_____

DAS WAR MEIN HEUTIGER **GO-MOMENT:**

_____

_____

WAS HABE ICH HEUTE **GELERNT?**

_____

_____

_____

WORIN HABE ICH MICH HEUTE **VERBESSERT?**

_____

_____

_____

WORÜBER HABE ICH MICH HEUTE **GEFREUT?**

_____

_____

_____

ICH BIN HEUTE EIN **GLÜCKSKIND**, WEIL ...

_____

_____

_____

WOCHENTAG

MEINE HEUTIGEN **ERFOLGE:**

→ _____

_____

→ _____

_____

→ _____

_____

DAFÜR BIN ICH HEUTE **DANKBAR:**

→ _____

_____

→ _____

_____

→ _____

_____

DAS WAR MEIN HEUTIGER **GO-MOMENT:**

_____

_____

WAS HABE ICH HEUTE **GELERNT?**

_____

_____

_____

WORIN HABE ICH MICH HEUTE **VERBESSERT?**

_____

_____

_____

WORÜBER HABE ICH MICH HEUTE **GEFREUT?**

_____

_____

_____

ICH BIN HEUTE EIN **GLÜCKSKIND**, WEIL ...

_____

_____

_____

MEINE HEUTIGEN **ERFOLGE:**

→ _____

_____

→ _____

_____

→ _____

_____

DAFÜR BIN ICH HEUTE **DANKBAR:**

→ _____

_____

→ _____

_____

→ _____

_____

DAS WAR MEIN HEUTIGER **GO-MOMENT:**

_____

_____

WAS HABE ICH HEUTE **GELERNT?**

_____

_____

_____

WORIN HABE ICH MICH HEUTE **VERBESSERT?**

_____

_____

_____

WORÜBER HABE ICH MICH HEUTE **GEFREUT?**

_____

_____

_____

ICH BIN HEUTE EIN **GLÜCKSKIND**, WEIL ...

_____

_____

_____

MEINE HEUTIGEN **ERFOLGE:**

→ _____

_____

→ _____

_____

→ _____

_____

DAFÜR BIN ICH HEUTE **DANKBAR:**

→ _____

_____

→ _____

_____

→ _____

_____

DAS WAR MEIN HEUTIGER **GO-MOMENT:**

_____

_____

WAS HABE ICH HEUTE **GELERNT?**

_____

_____

_____

WORIN HABE ICH MICH HEUTE **VERBESSERT?**

_____

_____

_____

WORÜBER HABE ICH MICH HEUTE **GEFREUT?**

_____

_____

_____

ICH BIN HEUTE EIN **GLÜCKSKIND**, WEIL ...

_____

_____

_____

MEINE HEUTIGEN **ERFOLGE:**

→ _____

_____

→ _____

_____

→ _____

_____

DAFÜR BIN ICH HEUTE **DANKBAR:**

→ _____

_____

→ _____

_____

→ _____

_____

DAS WAR MEIN HEUTIGER **GO-MOMENT:**

_____

_____

WAS HABE ICH HEUTE **GELERNT?**

_____

_____

_____

WORIN HABE ICH MICH HEUTE **VERBESSERT?**

_____

_____

_____

WORÜBER HABE ICH MICH HEUTE **GEFREUT?**

_____

_____

_____

ICH BIN HEUTE EIN **GLÜCKSKIND**, WEIL ...

_____

_____

_____

MEINE HEUTIGEN **ERFOLGE:**

⟶ _____

_____

⟶ _____

_____

⟶ _____

_____

DAFÜR BIN ICH HEUTE **DANKBAR:**

⟶ _____

_____

⟶ _____

_____

⟶ _____

_____

DAS WAR MEIN HEUTIGER **GO-MOMENT:**

_____

_____

WAS HABE ICH HEUTE **GELERNT?**

_____

_____

_____

WORIN HABE ICH MICH HEUTE **VERBESSERT?**

_____

_____

_____

WORÜBER HABE ICH MICH HEUTE **GEFREUT?**

_____

_____

_____

ICH BIN HEUTE EIN **GLÜCKSKIND**, WEIL ...

_____

_____

_____

MEINE HEUTIGEN **ERFOLGE:**

→ _____

_____

→ _____

_____

→ _____

_____

DAFÜR BIN ICH HEUTE **DANKBAR:**

→ _____

_____

→ _____

_____

→ _____

_____

DAS WAR MEIN HEUTIGER **GO-MOMENT:**

_____

_____

MEINE **GEDANKEN** ZU DIESER WOCHE:

_____

_____

_____

_____

_____

_____

_____

_____

_____

_____

_____

_____

_____

_____

_____

_____

_____

„AUS DER **PFLEGE** *glücklicher Gedanken* UND *Gewohnheiten* ENTSTEHT AUCH EIN **GLÜCKHAFTES LEBEN**."

Norman Vincent Peal

WAS HABE ICH HEUTE **GELERNT?**

_____

_____

_____

WORIN HABE ICH MICH HEUTE **VERBESSERT?**

_____

_____

_____

WORÜBER HABE ICH MICH HEUTE **GEFREUT?**

_____

_____

_____

ICH BIN HEUTE EIN **GLÜCKSKIND**, WEIL ...

_____

_____

_____

MEINE HEUTIGEN **ERFOLGE:**

→ _____

_____

→ _____

_____

→ _____

_____

DAFÜR BIN ICH HEUTE **DANKBAR:**

→ _____

_____

→ _____

_____

→ _____

_____

DAS WAR MEIN HEUTIGER **GO-MOMENT:**

_____

_____

WAS HABE ICH HEUTE **GELERNT?**

_____

_____

_____

WORIN HABE ICH MICH HEUTE **VERBESSERT?**

_____

_____

_____

WORÜBER HABE ICH MICH HEUTE **GEFREUT?**

_____

_____

_____

ICH BIN HEUTE EIN **GLÜCKSKIND**, WEIL ...

_____

_____

_____

MEINE HEUTIGEN **ERFOLGE:**

⇒ _____

_____

⇒ _____

_____

⇒ _____

_____

DAFÜR BIN ICH HEUTE **DANKBAR:**

⇒ _____

_____

⇒ _____

_____

⇒ _____

_____

DAS WAR MEIN HEUTIGER **GO-MOMENT:**

_____

_____

WAS HABE ICH HEUTE **GELERNT?**

_____

_____

_____

WORIN HABE ICH MICH HEUTE **VERBESSERT?**

_____

_____

_____

WORÜBER HABE ICH MICH HEUTE **GEFREUT?**

_____

_____

_____

ICH BIN HEUTE EIN **GLÜCKSKIND**, WEIL ...

_____

_____

_____

WOCHENTAG

MEINE HEUTIGEN **ERFOLGE:**

→ _____

_____

→ _____

_____

→ _____

_____

DAFÜR BIN ICH HEUTE **DANKBAR:**

→ _____

_____

→ _____

_____

→ _____

_____

DAS WAR MEIN HEUTIGER **GO-MOMENT:**

_____

_____

WAS HABE ICH HEUTE **GELERNT?**

_____

_____

_____

WORIN HABE ICH MICH HEUTE **VERBESSERT?**

_____

_____

_____

WORÜBER HABE ICH MICH HEUTE **GEFREUT?**

_____

_____

_____

ICH BIN HEUTE EIN **GLÜCKSKIND**, WEIL ...

_____

_____

_____

MEINE HEUTIGEN **ERFOLGE:**

⟶ _____

_____

⟶ _____

_____

⟶ _____

_____

DAFÜR BIN ICH HEUTE **DANKBAR:**

⟶ _____

_____

⟶ _____

_____

⟶ _____

_____

DAS WAR MEIN HEUTIGER **GO-MOMENT:**

_____

_____

WAS HABE ICH HEUTE **GELERNT?**

_____

_____

_____

WORIN HABE ICH MICH HEUTE **VERBESSERT?**

_____

_____

_____

WORÜBER HABE ICH MICH HEUTE **GEFREUT?**

_____

_____

_____

ICH BIN HEUTE EIN **GLÜCKSKIND**, WEIL ...

_____

_____

_____

MEINE HEUTIGEN **ERFOLGE:**

→ _____

_____

→ _____

_____

→ _____

_____

DAFÜR BIN ICH HEUTE **DANKBAR:**

→ _____

_____

→ _____

_____

→ _____

_____

DAS WAR MEIN HEUTIGER **GO-MOMENT:**

_____

_____

WAS HABE ICH HEUTE **GELERNT?**

_____

_____

_____

WORIN HABE ICH MICH HEUTE **VERBESSERT?**

_____

_____

_____

WORÜBER HABE ICH MICH HEUTE **GEFREUT?**

_____

_____

_____

ICH BIN HEUTE EIN **GLÜCKSKIND**, WEIL ...

_____

_____

_____

MEINE HEUTIGEN **ERFOLGE:**

→ _____

_____

→ _____

_____

→ _____

_____

DAFÜR BIN ICH HEUTE **DANKBAR:**

→ _____

_____

→ _____

_____

→ _____

_____

DAS WAR MEIN HEUTIGER **GO-MOMENT:**

_____

_____

WAS HABE ICH HEUTE **GELERNT?**

_____

_____

_____

WORIN HABE ICH MICH HEUTE **VERBESSERT?**

_____

_____

_____

WORÜBER HABE ICH MICH HEUTE **GEFREUT?**

_____

_____

_____

ICH BIN HEUTE EIN **GLÜCKSKIND**, WEIL ...

_____

_____

_____

WOCHENTAG

MEINE HEUTIGEN **ERFOLGE:**

→ _____

_____

→ _____

_____

→ _____

_____

DAFÜR BIN ICH HEUTE **DANKBAR:**

→ _____

_____

→ _____

_____

→ _____

_____

DAS WAR MEIN HEUTIGER **GO-MOMENT:**

_____

_____

MEINE **GEDANKEN** ZU DIESER WOCHE:

DER **BESTMÖGLICHE MOMENT,**
UM ETWAS ZU *verändern,*
IST **IMMER JETZT.**

Damian Richter, Zitat aus dem Buch „GO!"

WAS HABE ICH HEUTE **GELERNT?**

_____

_____

_____

WORIN HABE ICH MICH HEUTE **VERBESSERT?**

_____

_____

_____

WORÜBER HABE ICH MICH HEUTE **GEFREUT?**

_____

_____

_____

ICH BIN HEUTE EIN **GLÜCKSKIND**, WEIL ...

_____

_____

_____

MEINE HEUTIGEN **ERFOLGE:**

⟹ _____

_____

⟹ _____

_____

⟹ _____

_____

DAFÜR BIN ICH HEUTE **DANKBAR:**

⟹ _____

_____

⟹ _____

_____

⟹ _____

_____

DAS WAR MEIN HEUTIGER **GO-MOMENT:**

_____

_____

WAS HABE ICH HEUTE **GELERNT?**

_____

_____

_____

WORIN HABE ICH MICH HEUTE **VERBESSERT?**

_____

_____

_____

WORÜBER HABE ICH MICH HEUTE **GEFREUT?**

_____

_____

_____

ICH BIN HEUTE EIN **GLÜCKSKIND**, WEIL ...

_____

_____

_____

MEINE HEUTIGEN **ERFOLGE:**

→ _____

_____

→ _____

_____

→ _____

_____

DAFÜR BIN ICH HEUTE **DANKBAR:**

→ _____

_____

→ _____

_____

→ _____

_____

DAS WAR MEIN HEUTIGER **GO-MOMENT:**

_____

_____

WAS HABE ICH HEUTE **GELERNT?**

_____

_____

_____

WORIN HABE ICH MICH HEUTE **VERBESSERT?**

_____

_____

_____

WORÜBER HABE ICH MICH HEUTE **GEFREUT?**

_____

_____

_____

ICH BIN HEUTE EIN **GLÜCKSKIND**, WEIL ...

_____

_____

_____

MEINE HEUTIGEN **ERFOLGE:**

⟶ _____

_____

⟶ _____

_____

⟶ _____

_____

DAFÜR BIN ICH HEUTE **DANKBAR:**

⟶ _____

_____

⟶ _____

_____

⟶ _____

_____

DAS WAR MEIN HEUTIGER **GO-MOMENT:**

_____

_____

WAS HABE ICH HEUTE **GELERNT?**

_____

_____

_____

WORIN HABE ICH MICH HEUTE **VERBESSERT?**

_____

_____

_____

WORÜBER HABE ICH MICH HEUTE **GEFREUT?**

_____

_____

_____

ICH BIN HEUTE EIN **GLÜCKSKIND**, WEIL ...

_____

_____

_____

MEINE HEUTIGEN **ERFOLGE:**

→ _____

_____

→ _____

_____

→ _____

_____

DAFÜR BIN ICH HEUTE **DANKBAR:**

→ _____

_____

→ _____

_____

→ _____

_____

DAS WAR MEIN HEUTIGER **GO-MOMENT:**

_____

_____

WAS HABE ICH HEUTE **GELERNT?**

_____

_____

_____

WORIN HABE ICH MICH HEUTE **VERBESSERT?**

_____

_____

_____

WORÜBER HABE ICH MICH HEUTE **GEFREUT?**

_____

_____

_____

ICH BIN HEUTE EIN **GLÜCKSKIND**, WEIL ...

_____

_____

_____

MEINE HEUTIGEN **ERFOLGE:**

→ _____

_____

→ _____

_____

→ _____

_____

DAFÜR BIN ICH HEUTE **DANKBAR:**

→ _____

_____

→ _____

_____

→ _____

_____

DAS WAR MEIN HEUTIGER **GO-MOMENT:**

_____

_____

WAS HABE ICH HEUTE **GELERNT?**

_____

_____

_____

WORIN HABE ICH MICH HEUTE **VERBESSERT?**

_____

_____

_____

WORÜBER HABE ICH MICH HEUTE **GEFREUT?**

_____

_____

_____

ICH BIN HEUTE EIN **GLÜCKSKIND**, WEIL ...

_____

_____

_____

MEINE HEUTIGEN **ERFOLGE:**

→ _____

_____

→ _____

_____

→ _____

_____

DAFÜR BIN ICH HEUTE **DANKBAR:**

→ _____

_____

→ _____

_____

→ _____

_____

DAS WAR MEIN HEUTIGER **GO-MOMENT:**

_____

_____

WAS HABE ICH HEUTE **GELERNT?**

_____

_____

_____

WORIN HABE ICH MICH HEUTE **VERBESSERT?**

_____

_____

_____

WORÜBER HABE ICH MICH HEUTE **GEFREUT?**

_____

_____

_____

ICH BIN HEUTE EIN **GLÜCKSKIND**, WEIL ...

_____

_____

_____

MEINE HEUTIGEN **ERFOLGE:**

→ _____

_____

→ _____

_____

→ _____

_____

DAFÜR BIN ICH HEUTE **DANKBAR:**

→ _____

_____

→ _____

_____

→ _____

_____

DAS WAR MEIN HEUTIGER **GO-MOMENT:**

_____

_____

DER *dritte Monat* IST GESCHAFFT
- UNGLAUBLICH!

„Man weiß selten, was Glück ist,
aber man weiß meistens, was Glück war."

Françoise Sagan

WAHNSINN! Du hast es tatsächlich gemacht! Du hast es wirklich geschafft! Du hast durchgezogen! Wenn Du auf dieser Seite angekommen bist, gehörst Du zu dem elitären Kreis der wahren Macherinnen und Macher. Du bist ein echter Überflieger, denn Du bist drangeblieben! Sei stolz auf Dich und wenn Du magst, blättere noch einmal durch die Seiten der letzten Tage und genieße den Blick auf Deine Erfolge. Jetzt hast Du nur noch eine letzte Woche mit dem Erfolgsmacher Journal vor Dir - und auch diese wirst Du meistern!

Du hast etwas vollbracht, was die wenigsten wirklich erreichen: Du hast eine Sache zu Ende gebracht. Du hast drei Monate durchgehalten und die Challenge mit Bravour gemeistert. Nun gilt für Dich: Weitermachen! Denn ein Erfolgsmacher Journal führt man ein Leben lang - auch ich schreibe jeden Abend! Ruhe Dich also nicht auf Deinen Lorbeeren aus, sondern festige Deine neue Gewohnheit weiter und werde Tag für Tag immer erfolgreicher!

Teile Deinen Erfolg mit meinem Team, unserer GO!-Community und mir! Poste ein Bild von Dir und dieser Seite bei Facebook oder Instagram mit dem Hashtag **#machseinfach** an **@damianlifecoach**.

Für die letzten sieben Tage mit diesem Erfolgsmacher Journal wünsche ich Dir alles Beste und viel Erfolg bei allem, was Du tust. Ich glaube an Dich und denk immer daran: **Machs einfach**, denn Du bist größer als Du denkst! **GO!**

PS: Du willst mit dem Erfolgsmacher Journal weitermachen? Dann bestelle Dir jetzt Dein neues Exemplar für die nächsten drei Monate unter:

 WWW.DAMIAN-RICHTER.COM/ERFOLGSMACHER-JOURNAL

„*Lebe* DAS LEBEN,
DAS DU **LIEBST**
UND *liebe* DAS LEBEN,
DAS DU **LEBST**."

Bob Marley

WAS HABE ICH HEUTE **GELERNT?**

_____

_____

_____

WORIN HABE ICH MICH HEUTE **VERBESSERT?**

_____

_____

_____

WORÜBER HABE ICH MICH HEUTE **GEFREUT?**

_____

_____

_____

ICH BIN HEUTE EIN **GLÜCKSKIND**, WEIL ...

_____

_____

_____

MEINE HEUTIGEN **ERFOLGE:**

→ _____

_____

→ _____

_____

→ _____

_____

DAFÜR BIN ICH HEUTE **DANKBAR:**

→ _____

_____

→ _____

_____

→ _____

_____

DAS WAR MEIN HEUTIGER **GO-MOMENT:**

_____

_____

WAS HABE ICH HEUTE **GELERNT?**

_____

_____

_____

WORIN HABE ICH MICH HEUTE **VERBESSERT?**

_____

_____

_____

WORÜBER HABE ICH MICH HEUTE **GEFREUT?**

_____

_____

_____

ICH BIN HEUTE EIN **GLÜCKSKIND**, WEIL ...

_____

_____

_____

MEINE HEUTIGEN **ERFOLGE:**

➜ _____

➜ _____

➜ _____

DAFÜR BIN ICH HEUTE **DANKBAR:**

➜ _____

➜ _____

➜ _____

DAS WAR MEIN HEUTIGER **GO-MOMENT:**

_____

_____

WAS HABE ICH HEUTE **GELERNT?**

_____

_____

_____

WORIN HABE ICH MICH HEUTE **VERBESSERT?**

_____

_____

_____

WORÜBER HABE ICH MICH HEUTE **GEFREUT?**

_____

_____

_____

ICH BIN HEUTE EIN **GLÜCKSKIND**, WEIL ...

_____

_____

_____

MEINE HEUTIGEN **ERFOLGE:**

→ _____

_____

→ _____

_____

→ _____

_____

DAFÜR BIN ICH HEUTE **DANKBAR:**

→ _____

_____

→ _____

_____

→ _____

_____

DAS WAR MEIN HEUTIGER **GO-MOMENT:**

_____

_____

WAS HABE ICH HEUTE **GELERNT?**

_____

_____

_____

WORIN HABE ICH MICH HEUTE **VERBESSERT?**

_____

_____

_____

WORÜBER HABE ICH MICH HEUTE **GEFREUT?**

_____

_____

_____

ICH BIN HEUTE EIN **GLÜCKSKIND**, WEIL ...

_____

_____

_____

WOCHENTAG

MEINE HEUTIGEN **ERFOLGE:**

→ _____

_____

→ _____

_____

→ _____

_____

DAFÜR BIN ICH HEUTE **DANKBAR:**

→ _____

_____

→ _____

_____

→ _____

_____

DAS WAR MEIN HEUTIGER **GO-MOMENT:**

_____

_____

WAS HABE ICH HEUTE **GELERNT?**

_____

_____

_____

WORIN HABE ICH MICH HEUTE **VERBESSERT?**

_____

_____

_____

WORÜBER HABE ICH MICH HEUTE **GEFREUT?**

_____

_____

_____

ICH BIN HEUTE EIN **GLÜCKSKIND**, WEIL ...

_____

_____

_____

MEINE HEUTIGEN **ERFOLGE:**

→ _____

_____

→ _____

_____

→ _____

_____

DAFÜR BIN ICH HEUTE **DANKBAR:**

→ _____

_____

→ _____

_____

→ _____

_____

DAS WAR MEIN HEUTIGER **GO-MOMENT:**

_____

_____

MEINE **GEDANKEN** ZU DIESER WOCHE:

„**GLÜCK** IST DAS EINZIGE, WAS SICH *verdoppelt,* WENN MAN ES **TEILT**."

Albert Schweitzer

DEINE **GEDANKEN** ZU DEN LETZTEN 13 WOCHEN - WAS HAT SICH VERÄNDERT UND WIE FÜHLST DU DICH NUN, DA DU ES GESCHAFFT HAST UND DURCHGEZOGEN HAST?

_____

_____

_____

_____

_____

_____

_____

_____

_____

_____

_____

_____

_____

_____

 Wenn Du magst, **teile Deinen Erfolg** auch heute wieder mit meinem Team, unserer GO!-Community und mir! Poste dazu einfach ein Bild von Dir und dieser Seite bei Facebook oder Instagram mit dem Hashtag **#machseinfach** an **@damianlifecoach.**

Jeden Abend hast Du in den letzten 91 Tagen - ganze 13 Wochen lang - unermüdlich die Seiten Deines Erfolgsmacher Journals bearbeitet und mit Leben gefüllt. Jetzt ist es Zeit, zu feiern! Denn das, was Du geleistet hast, ist großartig und ein riesiger Meilenstein!

Du dachtest, Du wärst vielleicht etwas faul? Du hattest bislang das Gefühl, dass andere viel disziplinierter oder unerschütterlicher wären, als Du es bist? BULLSHIT! Du hast mehr Durchhaltevermögen bewiesen, als die meisten Menschen in ihrem Leben jemals aufbringen könnten, denn Du hast ganze drei Monate lang durchgezogen. Und das ehrt Dich sehr, Du kannst stolz auf Dich sein! Begib Dich auf eine kleine Zeitreise und blättere bei einem Glas Wein oder einer Tasse Tee durch die letzten Seiten und sieh, welche großartigen Erfolge Du gefeiert hast, welche Ziele Du erreicht hast und wie erfüllt Dein Leben ist - und lass all das auf Dich wirken. Wie fühlst Du Dich dann? Wie ergeht es Dir jetzt, in diesem Moment?

Warren Buffett hat einst gesagt:
„Man sollte vor allem in sich selbst investieren. Das ist die einzige Investition, die sich tausendfach auszahlt."

Investiere also auch weiterhin Abend für Abend in DICH und besorge Dir am besten jetzt gleich ein neues Erfolgsmacher Journal, um auch in den kommenden drei Monaten Deine neue Routine fortführen zu können.

Ich glaube an Dich und denk immer daran: **Machs einfach**, denn Du bist größer als Du denkst! GO!

Alles Liebe, Dein Damian

PS: Dir hat Deine Zeit mit dem Erfolgsmacher Journal gefallen? Dann lass es uns wissen und schreibe mir eine **Rezension bei Amazon!** Ich würde mich wirklich riesig darüber freuen. Klicke dazu einfach auf:

 WWW.DAMIAN-RICHTER.COM/ERFOLGSMACHER-JOURNAL

GO!
ONLINEKURS

➔ **31 TAGE** ZUR STÄRKUNG DEINER GO!-IDENTITÄT

➔ **JEDEN TAG** EIN NEUES **VIDEO FÜR DEIN WACHSTUM**

➔ UMFANGREICHES **WORKBOOK**

➔ 5 KRAFTVOLLE **MEDITATIONEN**

➔ GESCHLOSSENE **GO!-FACEBOOKGRUPPE** ZUM AUS-
TAUSCH UNTER ECHTEN MACHERN UND MACHERINNEN

➔ 4 **TRAININGS-SESSIONS** MIT DAMIAN

➔ **INKANTATIONS** (BESTÄRKENDE GLAUBENS-
SÄTZE FÜR DEINE GO!-IDENTITÄT)

➔ **BONUS:** DIE 5 MINUTEN **GO!-POWER-MEDITATION**

➔ **+ DEINE EXKLUSIVE ÜBERRASCHUNG**

MEHR INFOS UNTER:
WWW.DAMIAN-RICHTER.COM/GO-ONLINEKURS